# I Francesi in Italia - 1796-1815

## VITTORIO FIORINI

### Milano 1897

# TABLE OF CONTENTS

# CONFERENZA DI VITTORIO FIORINI

Signore, signori.

Saranno cento anni compiuti fra pochi giorni.

Il 27 di questo medesimo mese di marzo, il cittadino generale Bonaparte, prendendo il comando di quell'esercito d'Italia che per tre anni continui aveva tentato indarno di rompere la cerchia delle Alpi occidentali, a' suoi soldati "mal nutriti e quasi ignudi„ additava, novello Annibale — e ne aveva l'età ed il precoce genio guerresco — "le fertili pianure, le ricche provincie, le grandi città della penisola„ e prometteva che laggiù li avrebbe tratti a trovarvi "onore, gloria, ricchezze„.

Da quel giorno si apre uno strano e tumultuoso periodo della vita italiana, e si chiude soltanto quando, dopo un'epica lotta, a due riprese rinnovata, il Bonaparte — non più semplice generale ma Cesare — fu ridotto all'impotenza: e ci vollero, per trascinarlo nella rovina dell'immane edificio eretto dall'imperiosa volontà di lui, "l'inestinguibil odio„ che per ogni dove la sua fortuna ed il prepotere avevano acceso, e le forze dell'Europa intiera coalizzate contro lui solo: e parve che soltanto l'onda sterminata del grande Oceano avesse potenza di costringere tanta energia nell'inerzia.

Dal 1796 al 1815 son diciannove anni soltanto — neppure la quinta parte di un secolo — ma sono anni che valgono da soli quanto un secolo di storia: tanto è il moltiplicarsi degli avvenimenti, il succedersi incessante di uomini, di istituzioni, di Stati, l'irrompere affollato e precipitoso ed il cozzare vigoroso di idee nuove e vecchie, del paradosso temerario coi suggerimenti del prudente buon senso, dell'audacia con la paura: e tanto feconda di conseguenze sembra questa età ed irti di difficoltà i problemi che presenta allo storico, il quale voglia darne sicuro giudizio e determinarne gli effetti. È un dramma che si interpone bruscamente, quasi ciclone turbinoso, fra la calma di due età di lunga pace: quella che tien dietro alle guerre di successione ed alla Pace di Aquisgrana, e che quietamente operosa lavora ad una graduale trasformazione della società a beneficio e per opera del principato assoluto: e quella che dopo il tumulto violento delle guerre napoleoniche ed il non meno violento equilibrio imposto dalle paci di Vienna e di Parigi, sembra adagiarsi paurosa e fiacca per stanchezza ed esaurimento sotto l'occhio vigile  e sospettoso della polizia austriaca e dell'assolutismo. Dramma che è compiuto in sè e che per atti e peripezie diverse si svolge parallelo allo svolgersi della vita e della gloria del grande Capitano, il quale lo ha iniziato e ne rimane sino all'ultimo il protagonista. Anche il dramma italiano prende le mosse dal proclamare in nome della libertà e dell'eguaglianza la distruzione di tutte le forme monarchiche ed aristocratiche della vita politica e sociale, poi passo passo ritorna sulle vie del passato e riconduce la società, per una gerarchia d'uomini nuovi e di nomi vecchi, entro la cerchia senza uscita di una monarchia assoluta che si drappeggia nei ricordi di Augusto e di Carlo Magno. Allora la catastrofe precipita: e come nei drammi del buon tempo antico precipita con soddisfazione generale. Tolto di mezzo il personaggio perturbatore che aveva annodato l'intreccio e ne teneva le fila, ogni equivoco si dissipa, cessano i contrasti, uomini e cose tornano al loro posto e la vita, momentaneamente deviata dal suo corso, sembra ritrovare il suo letto.

Ma è proprio l'antico letto? e la vita va ancora dello stesso passo? Si tratta davvero di un episodio improvviso, passeggiero e che resta isolato o ha esso radici nel passato e rami fruttiferi nell'avvenire? E quali son questi e dove erano quelle? Quanta parte di quella coscienza nazionale  che ha dato le forze all'Italia nuova e la volontà di costituirsi una ed indipendente, dobbiamo rintracciare e riconoscere in questa età breve ma piena di passione e di vita e nella quale per la prima volta il popolo italiano sembra scuotere il sonno di lunghi secoli d'inerzia per acquistare coscienza di sè? E sopratutto quanta parte di questi avvenimenti non sono che riflesso della volontà di Napoleone e per quanto invece si riflettono nella vita e nella gloria di lui? Poichè se vi è nella storia personaggio del quale riesca difficile determinare la linea di reciproca influenza che l'individuo ed i tempi esercitano l'uno sull'altro, questi è Napoleone.

Affrontare siffatti ed altri non meno complessi problemi, che mi si affacciano alla mente, costringere in un solo quadro tutte le figure e tutte le scene di questa età non sarebbe possibile nel breve spazio di tempo che la pazienza degli uditori suole concedere ad una conferenza e sarebbe, d'altra parte, impresa superiore alle mie forze. Poichè alle egregie persone che compongono il Comitato di queste pubbliche letture, è piaciuto mescolare il mio nome oscuro con quelli d'uomini che meritamente già illumina la fama, conviene che lor signori ne portino le conseguenze: a me — lo confesso — è mancato il coraggio di respingere l'onore di parlar dinanzi a così eletta riunione e nella città che una troppo breve dimora nei miei anni di studio ha reso carissima al mio cuore. Nè hanno valso a trattenermi — ed ora me ne vergogno e me ne pento — la certezza di trovar qui, chiamati dalla squisita cortesia dell'animo loro, alcuni de' miei più venerati maestri ed il timore di dovere affrontare il giudizio di chi ha per sempre legato il proprio nome alla storia di questi tempi: voi intendete che io parlo di Augusto Franchetti, il quale, primo fra noi, di questa difficile età ha rivelato l'anima e ne ha narrati gli avvenimenti con larghezza nuova di vedute e di ricerche e con toscana eleganza di forma.

Perchè più lieve sia il danno vostro e minore il pericolo mio, io voglio che il mio ufficio si restringa a disegnare la cornice di questa età o, se più vi piace, a presentarvi il rude canovaccio su cui potrete collocare le figure e le scene che collo svolgersi di questa serie di letture vi passeranno sotto gli occhi.

Quel che dall'Alpi ora discende
D'armi e d'armati inondator torrente
Ceppi a noi reca o libertà ci rende?

Così, "chiaroveggente testimone de' tempi,, domandava in un sonetto Lazzaro Papi, che più tardi della Rivoluzione francese narrò con rara temperanza di giudizio i Commentari. — Reca libertà — già da un pezzo e anticipatamente (appena conquistata la Savoia) aveva risposto per bocca del cittadino Grégoire la nazione francese. — Libertà per tutti i popoli come a fratelli, guerra e morte a tutti i governi come a nemici! E la Convenzione Nazionale, consacrando queste parole del vescovo costituzionale nelle solenni forme di un decreto, aveva promesso "aiuto e fratellanza a tutte le genti che la libertà volessero ricuperare,,. Nè da quel dì la promessa era stata ripetuta poche volte; e la repubblica batava era sorta a mostrare come la repubblica francese cominciasse a mantenerla.

Ma questa Libertà che il Presidente della Convenzione già rappresentava "assisa sul Monte Bianco in atto di stendere, sovrana del mondo, le mani trionfali alle nazioni di tutto l'universo risorte a nuova vita al suono della sua voce,,, gli Italiani la guardavano con diffidenza, perchè la vedevano venire armata di baionette e di cannoni, perchè temevano che dietro di lei irrompesse anche fra noi, intonando il Ça ira, la turba degli scamiciati energumeni che avevano fatte le loro prove nelle vie di Parigi e nelle sale della Convenzione e dell'Hôtel de la Ville.

Poichè nella maggioranza del popolo italiano la rivoluzione aveva sopratutto destato un senso di orrore e di terrore: gli italiani erano stati colpiti dal suo carattere di irreligiosità, dalla frenesia di ribellione contro tutto e contro tutti che pareva avesse invaso la popolazione francese e dal sempre insaziato bisogno di distruzione che traeva i cittadini furibondi alla strage ed alla rovina di tutte le istituzioni divine ed umane. A chi è avvezzo a scivolare senza scosse lungo la china della vita, adagiandosi pigro e felice nel beato benessere che procura la tranquillità uniforme di uno spirito rassegnato alla nullità della propria sorte e la persuasione che non avrà bisogno neppure di alzare un dito per giungere pari pari fino in fondo, anche la più piccola novità dà ombra e fa paura. Tale era la condizione degli animi nelle moltitudini italiane. L'abitudine ininterrotta di piegare il capo remissivo dinanzi al principio d'autorità, da chiunque o comunque fosse rappresentato, e di lasciarsi guidare, sempre rassegnati, dalla volontà altrui, avevano fiaccato nei più ogni forza di iniziativa, distrutto ogni istinto di azione diretta a mutare in meglio le condizioni della società.

Dio — e per lui migliaia di preti, di frati e di monache forti di dogmi immutabili e di non meno immutabili superstizioni o privilegi — il monarca — e per lui una folla di padroni, tutti armati di leggi e di spade, dal vicerè, dal governatore, dal nobile all'ultimo bravaccio di soldato — avevano in custodia la società per consenso di generazioni e generazioni: e della loro vigilanza, fosse pur prepotente e molesta, le moltitudini non sapevano più fare a meno. Certo vi erano sofferenze, abusi, miserie, dolori, ingiustizie: ma anche il male e la miseria hanno le loro risorse e creano abitudini cui il lungo tempo affeziona, sicchè alla fine spiace lasciarle. Del resto, in tanto volger d'anni, ciascuno aveva trovato — bene o male — il modo di fare il proprio comodo: perchè dunque mutare? perchè rompere, con novità e per desiderio di un meglio incerto, la quiete monotona ma tranquilla di una vita senza cure?

Perciò quando il soffio di idee più liberali e più umanitarie, movendo dalla Francia, aveva commosso tutta l'Europa ed era passato, attraversando anche la nostra penisola, sopra la morta gora di questo popolo beato del suo sonno, i più alti, nobili e colti intelletti avevano bensì aspirato a larghi polmoni questa nuova aura vivificatrice, e d'un tratto v'erano fatti con ardore febbrile e con instancabile attività propugnatori con gli scritti ed esecutori con leggi e decreti di un movimento sociale più conforme al genio dei tempi ed ai bisogni della universalità del popolo; ma nulla aveva potuto scuotere la gran massa, per inerzia sua conservatrice, della popolazione italiana: nè la penna eloquente o la parola persuasiva dei più profondi pensatori, nè il consenso della parte più eletta della borghesia, della nobiltà e del clero; e neppure la volontà risoluta e spesso generosa fino al sacrificio di principi e di ministri.

Indifferente, dapprima essa lasciò fare: poi, quando l'urto fra i diritti laici della società civile ed i privilegi ecclesiastici pose di nuovo a fronte Chiesa e Stato, diventò alle riforme apertamente ostile. Le popolazioni — specialmente quelle delle campagne, fra le quali più radicate e meno razionali sono le consuetudini religiose ed ascoltatissima sempre fu la parola de' parroci — non esitarono a persuadersi che tutte queste novità erano malvagio suggerimento del demonio, che ereticali erano le dottrine che venivan d'oltralpe e pieno di pericoli l'accettarle.

Non pareva che appunto per dar ragione ai loro timori venissero i terribili procedimenti della rivoluzione di Francia? E sembrò che a questa opinione non il volgo soltanto, ma anche le classi sociali più colte e gli stessi più caldi propugnatori delle riforme si lasciassero condurre.

Stormi di preti francesi venivano ogni giorno fra noi fuggendo l'imposto giuramento e si annidavano nelle maggiori città d'Italia prima di raccogliere il volo — quasi tutti — nel seno della Chiesa di Roma: principi di sangue, nobili di razza, fedeli servitori del re portavano fra noi, emigrando, il loro terrore ed i loro propositi di vendetta. Attraverso i racconti pieni di odio di questi fuggenti, nelle narrazioni esagerate delle Gazzette, dei Monitori, dei Mercuri del tempo e ingrossando poi di bocca in bocca, giungevano alle plebi maravigliate, penetravano entro le pareti tranquille ove patriarcalmente le famiglie borghesi, ogni sera, da anni ed anni si raccoglievano a giuocare a tarocchi, o nei salotti dove Clori, tra una tazza di caffè ed un minuetto, ascoltava sorridendo dietro il ventaglio i complimenti arcadici della sua corte amorosa, notizie che riempivano di sgomento, di stupore e di sdegno: la Bastiglia era presa; il re era fuggito, preso, arrestato, processato, poi morto cristianamente sul patibolo; i preti assassinati a centinaia; le prigioni invase da una folla di sgozzatori. E tutto questo in nome della libertà: oh libertà odiosa!

Chiuder un Re in prigion senza perchè,
Toglier la Religione e la Pietà,
Far tanto un Regno intero uscir di sè
Che ne scanni metà l'altra metà:
Di florido che fu, guari non è,
Ridurlo al verde, alla mendicità,
Senza pan, senza onore, senza fè,
Da far orrore alla posterità;
Spogliare uccider dove mette il piè,
Abusar d'ogni eccesso, d'ogni età
Turbare i Regni, assassinare i Re;
La Libertà francese ecco che fa.
Ah tenga, o Roma, il Ciel lungi da te
Quest'empia e detestabil libertà.

Questo sonetto e molti altri che allora corsero di mano in mano, manoscritti e stampati, e i numerosi opuscoli che in quegli anni sfornarono, a migliaia di copie, le officine tipografiche di Foligno e di Roma stanno a mostrare quanta ripugnanza per le riforme e per la rivoluzione di Francia era nella generalità del popolo italiano. Certo non mancarono neppure fra noi teste esaltate — giovani specialmente — che si lasciarono guadagnare dall'audacia delle nuove dottrine e dalle persuasioni degli emissari francesi i quali volontari o mandati percorrevano l'Italia. Qua e là furono affissi alle mura anonimi inviti al popolo per chiamarlo a libertà; vi furon tumulti; nella nobiltà e nella borghesia non mancarono i malcontenti che in segreto speravano e nei colloqui fidati manifestavano la speranza di una prossima mutazione di cose: v'è traccia di club organizzati, di cospirazioni pronte a scoppiare. Emanuele de Deo ed una nobile schiera di giovani a Napoli ed a Palermo, Luigi Zamboni e Giambattista de Rolandis a Bologna pagarono con la vita il loro entusiasmo per le cose di Francia: altri ebber carcere o cercaron salvezza nell'esilio. Ma sono casi isolati: la gran massa del popolo non risponde agli inviti, non comprende questo entusiasmo per ciò che le desta orrore, assiste indifferente al castigo di chi dice di morire per la libertà di essa. Quando il popolo si muove è soltanto per manifestare odio violento contro i francesi: gode delle loro sconfitte, li insulta e li deride ne' suoi versi, corre anche al sangue: basti ricordare per tutti il nome dell'infelice Basville.

Del resto, finchè il Bonaparte non ebbe con le sue vittorie portata la rivoluzione fra noi e rotto l'incantesimo, non v'era alcuno in Italia, nè principe nè popolo, che non fosse certo della vittoria finale delle armi dell'Europa coalizzate. Dio ci prova: Dio alla fine deve vincere! si era sempre affermato: ma col Bonaparte era venuto per tutti il momento di dubitare e di domandarsi, come faceva il Papi, che cosa stava per accadere.

E dal canto suo, con quali intendimenti il Bonaparte poneva il piede in questa penisola donde, non più di dieci generazioni innanzi, erano usciti gli avi suoi che ai tempi del "popolo vecchio„ avevano seduto nei Consigli del Comune di Firenze e poi avevano partecipato alle gloriose e dolorose vicende della parte ghibellina di Toscana? In lui, che ora scende facile promettitore di libertà e rigido partigiano di democratica eguaglianza e che fra pochi anni tornerà restauratore dell'impero, parla ancora qualche voce del sangue antico memore dei tempi, nella lor rude semplicità felici, del viver riposato che Dante rimpianse per il Comune fiorentino, o fermentano ancora l'odio tenace e le speranze sempre rinnovate dei ghibellini, cui alimentavano il triste esilio e la grandiosa visione dell'aquila imperiale trionfante?

Non ignorava il Bonaparte queste vicende: i manoscritti laurenziani che per le cure del nostro Biagi e del signor Masson hanno di recente rivelato un Napoleone ancora sconosciuto, mostrano che nello studio quasi esclusivo della storia, leggendo, analizzando, riassumendo instancabile le opere di numerosi scrittori, si è venuta formando tra il 1786 e il 1792 la mente politica di lui, quale più tardi si rivela sul campo dell'azione. E fra gli appunti allora raccolti piace vedere un estratto di quella parte del secondo libro delle Istorie del Machiavelli dove è narrato dell'origine del Comune di Firenze e delle prime contese fiorentine fra guelfi e ghibellini fino all'ultima cacciata di questi.

Ma non quei lontani ricordi domestici, nè questi più recenti studi, ai quali si direbbe che talvolta, sia pur inconsciamente, obbedisca il genio di quel grande, parlavano alla mente di lui quando ai suoi soldati mostrava come campo di conquista l'Italia. Nè ritornando alla patria degli avi suoi, lo occupava il proposito, che più tardi, quando la mente ammaestrata dall'esperienza ritornava "ai dì che furono,,, volle far credere essere stato il fine ultimo delle sue azioni politiche in Italia: e cioè di rinnovarne le glorie antiche e di prepararle quell'avvenire che nei pentimenti dell'esilio divinava non lontano e per il quale tutti i popoli della penisola, per comunanza di linguaggio, di costumanze, di letteratura formanti una sola nazione, dovevano riunirsi sotto un solo governo il cui capo si sarebbe insediato in Roma.

Egli cercava gloria: gloria per sè come mezzo di farsi valere e di imporsi a quanti allora in Francia primeggiavano e governavano. Per quale via avrebbe raggiunta la gloria che cercava, quale forma avrebbe assunto il primato che voleva conquistare, ei non vedeva allora, nè lo poteva: ma già in sè aveva la fede sicura, incrollabile di essere il più forte. Si vantò il Barras di averlo egli tratto fuor della volgare schiera degli innumerevoli ambiziosi che la rivoluzione aveva fatti salire a galla, e di averlo portato sulla grande scena politica col chiamarlo, il 13 vendemmiatore, a spazzare a colpi di cannone per la morente Convenzione le vie di Parigi: credeva il potente Direttore che soltanto al favore di lui dovesse esser grato il Bonaparte del comando dell'esercito d'Italia, ed ai suoi amichevoli uffici della mano da molti ambita della elegante e bellissima creola che era stata moglie del generale Beauharnais. E col Barras lo credevano tutti: non però il Bonaparte. Egli era convinto di non dover nulla a nessuno, tutto a sè stesso. Giuseppina Beauharnais aveva piegato riluttante, come una capinera sotto l'occhio del falco, al fascino inesplicabile fatto d'amore e di spavento che lo sguardo dominatore del giovine côrso già esercitava tutto intorno a sè. Lo confessa ella stessa, aprendo l'animo ad un'intima amica, pochi giorni prima di consentire alle nozze fatali, le quali ebbero luogo la vigilia della partenza del Bonaparte per l'Italia. E soggiunge: "Barras mi assicura che farà ottenere al generale il comando supremo della nostra armata d'Italia, se lo sposerò. Allorchè ieri il Bonaparte mi parlò di questa preferenza, che, quantunque non sia ancora accordata, fa di già mormorare i suoi compagni d'arme, mi disse: — Credete che io abbia bisogno di protettori per far carriera? Un giorno essi si reputeranno felici se io consentirò a favorirli. Tengo la mia spada al fianco e col suo aiuto andrò lontano. — Cosa dite di questa certezza del successo? Non dimostra una fiducia nata da un immenso orgoglio? Un generale di brigata che vorrebbe atteggiarsi a fautore dei capi del governo! Non so come avvenga — continua Giuseppina — ma talvolta quella fiducia ridicola mi affascina al punto da farmi credere possibile tutto ciò che quest'uomo così strano abbia fissato di ottenere. E chi tenendo calcolo della sua immaginazione vivace può prevedere ciò che egli farà?,,

Ciò che egli avrebbe fatto e qual uomo straordinario egli fosse, cominciò per la prima volta a rivelarlo alla Francia ammirata e all'Europa stupita ed intimidita questa sua spedizione d'Italia: e forse allora soltanto anche il Bonaparte cominciò a leggere più chiaro in quell'avvenire di grandezza che finora aveva sentito confusamente come suo.

Non era ancora finito il secondo anno della sua presenza in Italia e già in uno di quei momenti di intima espansione cui, nei rari intervalli che la guerra gli concedeva, amava di abbandonarsi nella splendida villa di Mombello, domandava ad uno de' suoi famigliari: "Che direste, o Villetard, se io mi facessi re di Francia?„ Di Francia non d'Italia; chè soltanto nella giovanile energia della nuova Francia, ei lo vedeva, gli sarebbe stato possibile di trovare le forze per salire tanto alto: l'Italia poteva essere il gradino, non il trono.

Ma io m'avvedo che mi accade ciò che pur era da prevedere come inevitabile: la figura di Napoleone è tanta parte degli avvenimenti di questa età che mi trae ad invadere il campo altrui: torniamo ai Francesi ed all'Italia.

Incominciò nel mese di aprile con impeto meraviglioso questa memoranda spedizione: la rapidità de' suoi avvenimenti — farò mie le parole di Alessandro Verri — ne rende breve il racconto. I Francesi col ferro, senza artiglierie, guadando fiumi, correndo veloci benchè scalzi, senza tende e vettovaglie, per quindici giorni continui sconfissero due eserciti, il piemontese e l'austriaco, e li separarono. Inseguirono il primo e al re di Sardegna, omai non più sicuro nella sua stessa reggia di Torino, dettarono i patti di Cherasco: poi gloriosi e sicuri alle spalle si volsero prontamente contro gli Austriaci, li sorpresero con la rapidità dei movimenti inaspettati, li batterono e li costrinsero ad indietreggiare, finchè ebbero dinanzi la fortezza di Mantova: era tutto ciò che alla fine di maggio restava della dominazione austriaca in Italia!

La Corte di Savoia per bocca del suo ministro degli affari esteri, aveva ammonito l'Austria: "Se i Francesi abbattono il Piemonte, l'Italia è perduta anche per la Corte di Vienna.„ E così fu. Posto che ebbero i Francesi il piede in Lombardia, nè cinque formidabili eserciti, nè i migliori generali dell'Austria, il Wurmser, l'Alvinzi, l'Arciduca Carlo, valsero a cacciarneli, o a fermarne la marcia vittoriosa su Vienna, e ad impedire che, fatto centro della Lombardia, dirigessero punte audaci tutt'all'intorno a dettar leggi alla penisola intiera, occupando città col solo presentarsi, traendo i popoli a sè con lo specchietto della libertà, facendo con lo spauracchio della guerra fuggire o scendere a patti i sovrani e tremare i governi.

Così, s'erano appena i Francesi affacciati all'Emilia, che già il Duca di Parma era prostrato ai loro piedi ed offriva milioni, quadri, buoi, viveri, foraggi, purchè non entrassero nella sua capitale. Buon per lui, allora e finchè visse, che la pace conclusa da poco fra la Repubblica francese ed i Borboni di Spagna, alla cui famiglia egli apparteneva, stendesse la sua ala protettrice anche sopra il suo capo: sicchè egli dovette, è vero, fondere i vasellami d'argento della sua mensa e privarsi del mirabile San Gerolamo, che il pennello del Correggio aveva dipinto; ma non ebbe il dolore di esser costretto a fare delle sue care campane, cannoni; potè salvare tutte le madonnine e le statuette de' santi che ornavano i suoi altarini di Fontevivo e Fontanellato e continuare, così fino all'ultimo respiro, nel prediletto esercizio di suonar le campane e di fare il sagrestano.

Ercole III, duca di Modena, non aveva trattati di parenti che lo proteggessero: lo minacciavano invece la sua condizione di feudatario dell'impero e di parente stretto dell'imperatore e ciò che, dati i tempi, era più pericoloso, la fama generalmente diffusa dei molti milioni che la parsimonia sua e dei suoi predecessori aveva accumulati nelle casse estensi. Perciò, appena ebbe notizia della presenza dei Francesi nel vicino ducato di Parma, con un bel manifesto annunciò ai suoi sudditi che dopo aver ponderata sulle bilancie della Prudenza la presente critica situazione e richiamato ad uno ad uno i suoi doveri di Principe, s'era persuaso che il meglio era.... mettere in sicuro a Venezia la sua Serenissima Persona, come in simile circostanza aveva fatto il Serenissimo Avo suo. Le tradizioni di famiglia erano rispettate, non c'è che dire: chi si trovò nelle peste fu la Reggenza cui egli, fuggendo, aveva lasciato la tutela degli Stati suoi, con la raccomandazione in caso di bisogno, di indirizzarsi per qualunque possibile assistenza all'Arciduca Ferdinando d'Austria governatore di Lombardia e Serenissimo suo Genero. Bene indirizzati davvero! Due giorni dopo il Serenissimo Genero aveva notizia che i Francesi stavano passando il Po e, prese in mano le medesime bilancie della Prudenza che erano nel guardaroba di famiglia, s'era, come lo suocero, persuaso che nel rumores fuge stava riposta una antica ma grande verità; sicchè s'era allontanato più che di corsa, portando seco il più ed il meglio che, nella fretta dello scappare, potè raccogliere. La Reggenza modenese rimasta a far fronte da sola alle difficoltà, scese a patti e comprò dai Francesi, a suon di milioni, la promessa che sarebbe stata rispettata la integrità dello Stato. Nel fatto ottenne questo bel risultato: che appena tre mesi dopo — quando però già quasi tutti i milioni promessi erano nelle casse del Direttorio — Reggio, segretamente istigata dai Francesi, insorgeva e si sottraeva al governo estense ed i Francesi, col pretesto che il Duca per avarizia indugiava a pagare, occupavano Modena e tutto il resto dello Stato.

"Non basta la fortuna per comandare un esercito, ci vuole anche audacia ed orgoglio!„ aveva detto il Bonaparte al marchese Costa di Beauregard quando questi era andato al campo francese per trattare a nome del suo re i patti di Cherasco. Nè audacia, nè orgoglio facevano, per vero, difetto e al generalissimo francese ed ai soldati suoi: ne avevano anche di troppo per la viltà sommessa dei principi italiani. Ferdinando di Borbone, il Re Lazzarone, che finchè i Francesi erano lontani aveva da solo fatto rumore per dieci e votate le tasche de' sudditi suoi per mettere insieme un esercito di 60.000 uomini, non appena i Francesi furono in Lombardia, aveva supplicato una tregua e l'aveva ottenuta. Pio VI, il pontefice, contro i rivoluzionari, nemici della religione di Cristo ed usurpatori dei dominii della Chiesa in Francia, aveva fino allora lanciato condanne e scomuniche: ma alla notizia che i Francesi si avvicinavano ai confini delle Legazioni, aveva fatto tappezzare le vie delle città e dei borghi, le porte delle chiese e gli alberi della Romagna di bandi nei quali raccomandava ai sudditi suoi d'accogliere i Francesi, se fosser venuti, come ottimi amici suoi, e vietava persino il suono delle campane nel timore che i Francesi ne prendessero sospetto o pretesto di guerra. Sicchè bastarono ai Francesi pochi battaglioni ed una passeggiata militare per prender possesso delle legazioni di Bologna e di Ferrara: e fin d'allora essi avrebbero potuto occupare anche il resto dei dominii papali, se il Bonaparte, per aver le mani libere contro l'Austria, non avesse preferito scendere ad accordi e contentarsi di quel che aveva preso, di alcuni milioni e di una prima scelta fra i tesori d'arte raccolti in Roma. E mentre parte de' suoi stringeva d'assedio Mantova ed altri occupavano le Legazioni, alcune poche centinaia di soldati francesi occupavano Massa e Carrara in nome della Repubblica, poi come se gli Stati del Granduca di Toscana fossero territorio francese, un corpo francese li attraversava e si stabiliva a Livorno per organizzarvi una spedizione contro la Corsica, ed il Bonaparte in persona si presentava solo alle porte di Firenze e sedeva da pari a pari alla mensa del Granduca.

Nè i monarchi soltanto il Bonaparte trattava da padrone: la potente repubblica di Venezia, quelle di Genova e di Lucca vedevano occupate con varii pretesti le loro terre, istigati i sudditi loro a ribellione e, a scanso di peggior sorte, dovevano umiliarsi e poi metter mano alle borse e cavarne denari. La sola repubblica di San Marino fu rispettata allora e sempre: era così piccolo il suo territorio e così povera la popolazione raccolta da secoli sul monte Titano, che il Bonaparte poteva concedersi il lusso di inchinarsi rispettoso alla remota antichità repubblicana di essa ed anche di regalarle due cannoni: erano affidati a mani sicure.

Alla fine del 1796, in men di nove mesi, tutta l'Italia aveva piegato dinanzi alla fortuna, all'audacia ed all'orgoglio del generale francese: unica speranza dei nemici di Francia era Mantova, che ancor resisteva. Cadde ai primi dell'anno seguente e gli effetti della sua caduta ebbe a sentirli non l'Austria soltanto, ma anche il pontefice.

S'era illuso Pio VI nella fiducia che nuove forze mandate dall'Austria in soccorso di Mantova avrebber potuto finalmente aver ragione del Bonaparte, ed in tale illusione s'era troppo apertamente scoperto nemico de' Francesi. Ora che l'illusione era svanita, ei si trovava esposto solo alle vendette del Direttorio. Volle far viso forte a mala fortuna. Alle milizie papali aveva dato un capo l'Austria, il general Colli: attesero a pie' fermo sul

Senio presso Faenza l'arrivo de' Francesi. È vero che i cannoni papali furono caricati a fagiuoli? Fu detto e creduto. Certo si è che, dopo le prime fucilate, i papalini, quando videro i Francesi disporsi a guadare il fiume, voltaron le spalle e corsero, corsero, corsero per duecento milia e solo ad Ancona raccolsero il fiato. Fuga rimasta celebrata nella tradizione di poltroneria di cui, fra il popolo, han sempre goduto le milizie papali: e che suggerì al Leopardi, cantando le battaglie delle rane coi topi, i noti versi ne' quali l'affannoso fuggire dell'"oste papale,,
Cui precedeva in fervide, volanti
Rote il Colli, gridando: Avanti! Avanti!
è descritto colla più schietta comicità.
Questa impresa costò al Papato la Romagna, nuovi milioni, altri quadri ed altre statue: sarebbe costata di più se il Bonaparte, prevedendo vicino l'ultimo e supremo duello col maggior capitano dell'Austria l'Arciduca Carlo, non avesse spontaneamente fatte insperate aperture di pace.
Anche l'Arciduca Carlo fu vinto ed il Bonaparte dettò davanti a Vienna i preliminari di Leoben seguiti poi dalla pace di Campoformio, che costò alla repubblica di Venezia la libertà. Per compiacere alle prepotenze francesi l'antica repubblica s'era umiliata, s'era spogliata della toga e dell'ermellino, aveva sostituito col democratico berretto frigio l'aristocratico berretto ducale e aveva bruciato il libro d'oro; compiacente, l'antico Leone aveva voltato pagina e sull'ex-Vangelo la sua zampa additava i diritti dell'uomo e del cittadino: ma ora che i neo-patrioti danzavano festosi attorno all'albero della libertà, inneggiando alla redenzione che il sangue delle Pasque veronesi ed il danaro di Pantalone avevano pagato, il Bonaparte faceva mercato di loro e del loro territorio coll'Austria. Mai tradimento sembrò più perfido e fu più vituperato: le parole commosse di Jacopo Ortis vengono sulle labbra. "Il sacrificio della patria nostra è consumato: tutto è perduto; e la vita, se pure ne verrà concessa, non ci resterà che per piangere la nostra sciagura e la nostra infamia.... Non accuso la ragion di Stato che vende come branchi di pecore le nazioni; così fu sempre e così sarà: piango la patria mia che mi fu tolta e il modo ancor m'offende!,,
Quando l'Austria ebbe deposte le armi, ai principi italiani venne a mancare ogni speranza, ai Francesi ogni riguardo. E fu un subito fiorire di democrazia ed un crollare di troni da un capo all'altro d'Italia, che continuò anche quando il Bonaparte, lasciata l'Italia, andò a raccogliere a Parigi, negli applausi e nella ammirazione popolare, il cercato compenso della sua fortunata impresa, ed a conquistare nell'Egitto nuovi allori e nuova popolarità. Già la repubblica genovese v'era sbattezzata: sfuggendo dalle mani patrizie dei discendenti dei Doria, dei Grimaldi, degli Spinola, la Superba era caduta in quelle imbrattate di triaca dello speziale Morando ed aveva insieme con le vesti democratiche, creduto di poter assumere i petulanti atteggiamenti della democrazia francese di fronte alla vicina

monarchia sabauda. Povero e santo re Carlo Emanuele IV! Come poteva la devota semplicità dell'animo suo, fatto piuttosto per obbedire e soffrire entro un monastero che per comandare e lottare su di un trono, far fronte alle provocazioni, alle insidie, ai raggiri entro cui d'ogni parte i Francesi l'avvolgevano, in casa e fuori, pur di metter le mani sui dominii di lui e farne un dipartimento francese? Contro le perfidie degli uomini egli volgeva gli occhi al Cuore di Gesù e pregava: e intanto con la dignitosa e paziente rassegnazione di un martire, si lasciava toglier di dosso a brano a brano ciò che gli dava aspetto di monarca: gli restava ancora la corona, depose anche quella, poi povero — chè non volle portar seco nè i gioielli della corona nè il danaro che aveva nelle sue stanze — prese la via dell'esilio. Degli aviti dominii non gli restava che la fedele e povera Sardegna: l'offrì a Pio VI, l'ottantenne vicario di Cristo, che i Francesi avevano strappato al Vaticano e tratto prigioniero nella Certosa di Firenze.

L'uccisione del temerario generale Duphot era stata l'occasione cercata per togliere al pontefice ciò che dei dominii della Chiesa gli era rimasto e la libertà, e per proclamare dall'alto del Campidoglio risorta la Roma dei Bruti, dei Catoni e degli Scipioni.

Vindice della Cristianità colpita nel capo della Chiesa osò presentarsi Ferdinando di Napoli: gli davano forza gli energici incitamenti del Nelson e più la certezza che gli Inglesi fossero pronti a fargli spalla.

Con soldati infiniti
Si mosse da' suoi liti
Verso Roma bravando
Il re don Ferdinando,
E in pochissimi dì
Venne, vide e fuggì.

E con tanta paura fuggì da non tenersi sicuro finchè fra i Francesi che l'inseguivano, e sè, la sua Corte, i suoi tesori, non ebbe interposto il mar di Sicilia. Sorse allora — fiore di pura bellezza — in quel terreno mal preparato, dove una plebe oziosa e corrotta imputridiva al sole e dinanzi al mare nell'ignoranza e nella superstizione, la Repubblica Partenopea. Lo coltivarono pochi eletti ingegni che lo studio dell'antica filosofia aveva rinvigorito e nobilitato: e s'illusero — e ne pagarono poi il fio con la vita — che l'esempio della virtù operosa avesse forza di trascinare i lazzaroni, e che l'aiuto e la protezione dei Francesi potessero essere disinteressati e sinceri.

Caduto il regno di Napoli, venne la volta della Toscana. Lucca repubblica dovette per forza democratizzarsi e far il viso allegro. Al Granduca Ferdinando non bastò l'aver spinto la longanime arrendevolezza fino ad annunciare ai suoi sudditi che avrebbe considerato come una prova di fedeltà e di affetto per lui le buone accoglienze che essi avrebbero fatte ai Francesi i quali venivano, ed ei lo sapeva, ad occupare le sue città. Quando questi ebber posto piede in Firenze, gli intimarono di partire entro 24 ore, ed egli se ne andò.

Così l'onda della rivoluzione aveva percorsa tutta la penisola e tutta l'aveva sovvertita. Restavano in piedi degli Stati che i Francesi vi avevano trovati, due soli e parevan esservi rimasti a derisione del passato: la repubblica di San Marino ed il piccolo Stato del bigotto campanaro di Parma.

Nè soltanto mutati erano gli ordinamenti politici ed ai principati antichi sostituite repubbliche nuove: pareva che anche nel popolo italiano mutata si fosse d'un tratto la disposizione degli animi. Gran maestri ed insuperati furono — e sono sempre — i Francesi nell'arte difficile di mettere in iscena commedie e pur troppo anche tragedie politiche, con tutto l'apparato e la montatura che occorre perchè esse producano l'effetto voluto!

Sono scesi fra una popolazione che fino allora li aveva guardati con orrore e con terrore, nemica del chiasso, aborrente dal disordine e riposata nell'ozio, nelle inutili cure della galanteria e della piccola vita di tutti i giorni: con violenza, l'hanno strappata alla sua quiete, al suo ozio, ai suoi pettegolezzi graditi, al suo passato vuoto di passioni: eppure della loro violenza non hanno raccolto frutto di odio! Si direbbe anzi che la popolazione italiana altro non aspettasse che la loro venuta: tanta esaltazione e così rumoroso entusiasmo accompagna i Francesi ad ogni passo che muovono e così irrefrenabile sembra invader tutti un bisogno febbrile di muoversi, di agitarsi, di scrivere, di parlare, di urlare contro tutto quel passato che fino a ieri era venerato e temuto.

Sulla scena della storia italiana non si incontravano di solito prima che pochi nomi: quelli dei primi e dei sommi: il resto taceva o faceva il coro: ora è una folla di artisti che si affaccia: e tutti vogliono farsi sentire, tutti hanno la loro parte da recitare, la loro idea da lanciare e sopratutto il loro posto da prendere sul proscenio. Un vero bosco di variopinti e imbandierati alberi della libertà, una gaia fioritura di coccarde tricolorate ricopre d'un tratto tutta la penisola: e intorno a ciascun albero, nelle piazze delle città, nei sagrati dei borghi e delle ville, infuria la danza e s'alzano tonanti gli inni patriottici e le grida di evviva urlati da uomini e da donne d'ogni condizione ed età: nobili e popolani, preti, frati, soldati, dame e prostitute, tutti incoccardati, si danno la mano in fratellevole comunanza e girano e sgambettano attorno al nuovo emblema della rivoluzione che i Francesi hanno inventato:

Ecco l'arbor trionfale
A cui scritto intorno sta
In carattere immortale
Eguaglianza e Libertà.

A Milano un cappuccino si taglia la lunga barba e l'appende con la grigia tonaca, trofeo della sua abiura, all'albero della libertà: ed il Padre Appiani, sessagenario, professore di teologia, invaso da subito furore, dà spettacolo grottesco ed inverecondo di sè ballando in Duomo la Carmagnola. A

Venezia fu vista una dama ballare con un frate, e caduti, rialzarsi e continuare la spigliata Carmagnola: esempio di virtù cittadina che fu pomposamente celebrato nel Monitore Veneto del tempo e al quale avevano dato occasione le prime nozze celebrate sotto il simbolico albero da un giovane e da una donzella veneziani, che v'andarono accompagnati da una bandiera col motto Fecondità democratica. È dolce l'aver figli che devono godere la libertà, diceva, in simile circostanza, la scritta d'un'altra bandiera. Ed appunto per favorire la moltiplicazione di questa figliolanza fortunata, Felice Lattuada, milanese, propugnava il divorzio, e Giambattista Giovio — più radicale — proponeva addirittura di ammazzare tutti i padri e tutte le madri nobili: così sarebbe stato possibile educare subito democraticamente i figliuoli.

Non si direbbe che una pazzia abbia invaso il popolo italiano? Un opuscolo del tempo è intitolato Milano all'ospedale dei pazzi; ma Milano non è sola: tutte le città grandi e piccole, dove i Francesi han posto il piede, sono in preda all'esaltazione. La rivoluzione francese non spaventa più: anzi se ne celebrano come avvenimenti patriottici e come trionfi dell'umanità democratica i più sanguinosi anniversarii: a Milano, con gran pompa fu festeggiato il dì anniversario che Luigi XVI ebbe tronca la testa sul patibolo; si gridò Morte agli aristocratici, e si portarono in giro e si affissero cartelloni con le scritte: Il fulmine colga tutti i re in un fascio! Il pugnale di Bruto possa spaventare gli schiavi di Cesare e gli imitatori di Antonio!

Non vi spaventi — o signore — tanta ferocia di linguaggio: non prendete sul serio le minacce di questi improvvisati demagoghi che hanno la bocca sempre piena di pugnali, di corda e di ghigliottina, quasi fossero altrettanti Marat. A sentirli si direbbe che d'altro non si pascono che del sangue di aristocratici, di preti e di tiranni; che il loro ideale è battere sul tamburo la pelle di un papa con gli stinchi di un re. Non v'è più Dio o religione per loro: di Cristo si lavano la bocca o lo tollerano solo in quanto la democrazia gli permette d'essere considerato come primo autore del sanculottismo: i santi li hanno aboliti: le vie, le piazze, le porte ribattezzate: in teatro applaudono frenetici alle volgari scempiaggini di uno spettacolo che rappresenta turpi amorazzi e subdoli intrighi della Corte romana e vanno in visibilio quando da ultimo il papa, fatto cambio del triregno con un berretto frigio e offerto il braccio ad una madre badessa, dà il segnale di una specie di cancan cui tutti, sulla scena, partecipano, cardinali, monsignori, preti, frati, monache, soldati. C'è chi — novella Erodiade — offre su per i giornali la mano di sposa a chi le porterà sopra un bacile la testa del papa: ed è una giovanetta ventenne, figlia di un chimico di vaglia. C'è chi ha osservato che il ferro della ghigliottina, troncata la testa, s'imprime troppo profondamente nel ceppo sottoposto sicchè si deve penar molto a levarnelo. È un inconveniente che nuoce alla eleganza ed alla rapidità della patriottica operazione: bisogna toglierlo; e propone di mettere sotto il collo del paziente un pezzo di sughero. Non lo direste un boia consumato nell'esercizio delle sue funzioni? o almeno un dilettante appassionato di ghigliottina il quale studia i perfezionamenti dello strumento che ama, perchè funzioni regolarmente? Niente affatto: è Antonio Ranza, un semplice imbrattacarte il quale inonda di libri, di discorsi, di opuscoli, di proclami incendiari la penisola: un vecchietto sparuto che all'ombra di una lunga zazzera e d'un largo cappellaccio cova e sogna, senza tregua, cospirazioni e rivoluzioni: ma che non ha mai, che io sappia, intinte le mani nel sangue di alcuno. La sua passione la sfoga organizzando banchetti fraterni, piantando alberi della libertà, facendo concioni alla folla, denunziando colpe di anticivismo e di bigotteria, ma sopratutto scrivendo, scrivendo e scrivendo. Vede rosso.... sulla carta e quando parla: e come lui, di questi patrioti, dei quali dice il Foscolo che "morte e sangue gridavano, feroci di mente mostrandosi, prodi in parole e ad ogni impresa impotenti,, ce ne sono molti, e sono quelli che hanno fatto tutto il rumore.

Così è anche di tutto questo movimento che la venuta dei Francesi ha provocato in Italia. In Francia, dove è uscita spontanea dalle intime condizioni del paese, la rivoluzione si fa sul serio: da noi, dove la violenza delle armi l'ha portata dal di fuori, la rivoluzione si rappresenta, e come attori di commedie, noi cerchiamo di farci il minor male che si può: perciò là son fatti e sangue, qui son parole e rettorica. In Francia le teste regie si tagliano per davvero: noi le tronchiamo o le cambiamo alle statue e di un Filippo II facciamo un Giunio Bruto, di Francesco d'Este una Libertà, di un Gregorio XIII un San Petronio. In Francia i nobili e i preti si imprigionano, si mandano a morte e i loro beni sono confiscati e venduti: da noi aristocratici ed ecclesiastici sono coperti, è vero, di contumelie e minacciati ogni volta che un patriota apre la bocca, ma alla fine dei conti ci contentiamo di atterrarne gli stemmi e di costringerli a chiamarsi cittadini, a portar la coccarda ed a giurare fedeltà.... alla Repubblica francese. Si grida all'eguaglianza, ma si raccomanda anche ai nobili di non licenziare i loro servitori e di non smettere le carrozze perchè non si deve privare di lavoro e di guadagno il popolo. Il decreto che dichiara la patria in pericolo fa balzare l'un dopo l'altro dal suolo di Francia quattordici eserciti che corrono ai confini e salvano la patria: da noi su tutti i toni si parla di civismo, di amor di patria, di doveri patriottici, si esalta con parole reboanti l'acquisto fatto dei diritti del cittadino e sopratutto di quello di portare le armi: ma quando si trattò di armare davvero i cittadini e si volle a tal fine istituire la Guardia Nazionale, non bastò neppure l'assicurazione che non sarebbero condotti a combattere fuori della città, per indurre i cittadini ad inscriversi numerosi. E di chi furono in gran parte composte le prime milizie della libertà italiana, la legione lombarda, la cispadana, la polacca, se non dei medesimi mercenarii che già servivano l'Austria, il Duca di Modena ed il Papa e che la democrazia vituperava col nome di sgherri della tirannide? Del resto, qual prova più evidente di quanto fosse  fittizio e superficiale il movimento rivoluzionario italiano, che il veder le popolazioni esultare per la libertà ricuperata e compiacersi de' suoi benefici nell'atto appunto che erano tratte a subire la peggiore delle tirannie, quella della violenza e dell'arbitrio militaresco?

Poichè le città italiane — salvo poche eccezioni dovute a ragioni locali — non si sollevano contro gli antichi governi, non cacciano i loro principi: quando con la fuga o con la sommessione questi han ceduto alle arti od alle armi dei Francesi e queste ultime sono vicine, allora soltanto l'entusiasmo per la libertà scoppia e si manifesta con tutti i suoi eccessi. E non v'ha dubbio che, se i primi a dar la mossa son coloro che per segrete intelligenze o per spontanea esaltazione o tendenza nell'animo oppure per interesse o per speranza di nuova fortuna o di vendetta o anche di riparare ad un passato non bello, già erano disposti ad accogliere a braccia aperte i Francesi; se altri non pochi son tratti a seguire quei primi dall'irresistibile fascino che esercita sul volgo e sui deboli l'esempio, nella maggior parte della popolazione il desiderio improvviso di libertà non è che l'effetto — pare un paradosso — della servilità dell'animo. L'abitudine, per l'azione continuata di secoli compenetrata nella natura italiana, di accogliere col viso sorridente  i padroni venuti dal di fuori, di piegare con ossequiosa obbedienza il capo dinanzi a chi, legittimamente o no, ha in sua mano la forza materiale, di adularlo, di compiacere premurosi ad ogni desiderio suo, trae la massa del volgo a secondare — benchè non siano le consuete che mostravano gli altri padroni — anche le voglie dei Francesi, i quali del resto prepotenti sono come e più degli altri.

Ai Francesi piacciono gli applausi, vogliono che si balli, che si canti, che si stia allegri, che si dica che essi sono fratelli e son liberatori, desiderano che si imiti la loro rivoluzione, e gli Italiani

"liberi no, ma in altro modo schiavi,,

si rompono compiacenti le mani per applaudirli, ballan con furore, cantano a squarciagola, si proclamano ai quattro venti i fratelli più grati e più felici della liberazione ottenuta, e come istrioni — usiamo l'espressione del Foscolo — si studiano di scimiotteggiare e di esagerare l'andatura alla brava ed il sistema democratico dei loro padroni.

Sull'acquiescenza servile di questo volgo incurioso ed inerme che l'ignoranza, la paura e la superstizione hanno abbrutito, il Bonaparte era ben certo di poter far calcolo: le minaccie di feroci rappresaglie, seguite dai sanguinosi esempi di Binasco, di Pavia e di Lugo, furono più che sufficienti a mettere un freno alle velleità di resistenza, cui qua e là — specie nelle campagne — parve dapprima che esso, per i consigli e le istigazioni altrui, volesse cedere. Ciò però non bastava al Bonaparte: egli voleva formare — come scrisse al Direttorio — l'opinione pubblica, donner la tournure à l'esprit, per modo da renderlo favorevole alla rivoluzione che portava in

Italia. Per ciò egli cercò subito e di proposito di attirare a sè le classi più alte e più colte. La conquista degli animi fu metodica, come metodico e quasi uniforme era stato, ne' più minuti particolari, il procedimento che egli ed i generali francesi avevano adoperato fin dal principio nell'occupare le città e gli Stati italiani.

Il Bonaparte sa di essere venuto in mezzo ad un popolo conservatore per indole e religioso per fede e per abitudine: perciò s'adopra prima di tutto a rassicurarlo che nè la religione nè la proprietà saranno toccate. Lascia che gli ardenti, che gli ingenui, che coloro i quali, nulla avendo da temere o da perdere per sè, son sempre pronti a ficcarsi in prima fila, diano la stura a tutto il repertorio della rettorica democratica; lascia che costoro — rassicurati e fatti audaci dalla presenza delle armi francesi — si abbandonino a manifestazioni esagerate del loro patriottismo di fresca data e dei loro nuovi principii, ma esteriormente soltanto e in quanto tali manifestazioni possono essere buon lievito a gonfiare l'ardore delle masse e stimolo a chi ha bisogno d'essere spronato per muoversi. Ma quando vorrebbero e potrebbero scendere all'azione cui egli sembrava li avesse spinti, li contiene e li frena, perchè nè il sentimento religioso dei più ne riceva ombra od offesa, nè le classi più alte e più agiate abbiano ragione di temere pericoli per sè o per le cose loro. Agli uomini del medio ceto composto, fra noi, di avvocati, di letterati, di medici, di artisti, di commercianti, molti de' quali son già disposti dalla loro educazione ad accogliere le dottrine che da un pezzo la filosofia francese ha messe di moda, il Bonaparte apre le braccia e fa credere d'esser venuto per scuotere il giogo che li opprime e che per verità ad essi era parso molto leggiero: ne solletica la vanità o l'ambizione: offrendo impieghi ed onori fa brillare ai loro sguardi ideali di grandezza e di libertà. Ma per accoglier costoro non respinge da sè il clero e la nobiltà: chè quello è autorevole e questa non suscita odii ardenti, come in Francia, ed ha molte aderenze: clero e nobiltà dal canto loro, per abitudine e per educazione, sono concilianti e quasi senza resistenza si prestano, parte per paura del peggio, parte per speranza del meglio, a secondarlo.

Quanti nobili e quanti prelati, fatti cittadini, non accompagnarono poi nelle fortunose vicende della sua vita il giovane côrso del quale vedevano allora spuntare l'aurora! E come pronto ed acuto fu l'occhio di lui a penetrare nel cuore e nella mente di quanti lo avvicinavano e a discernere, fra la folla degli adulatori che gli faceva calca intorno, gli uomini, fino allora ignoti a sè stessi, che per le qualità dell'ingegno e dell'animo eran degni ch'ei facesse calcolo sopra di loro; e come seppe senza esitare stendere ad essi la mano per innalzarli e metterli al suo fianco! Alla folla il trastullo delle pompe e delle forme, l'ebbrezza delle esagerazioni: questi pochi, tratti nell'intimità e nella fiducia sua, educava e provava alla vita pubblica, rendeva devoti e legava a sè, aprendo alle loro menti nuovi orizzonti e facendo ad essi balenare lontane speranze per la lor patria, forse allora sincere.

Intanto ben diversa e dolorosa era la realtà che il Bonaparte poteva loro offrire. Questa Italia che egli sentiva essere sua personale conquista e per la quale vedeva disegnarsi e andava vagheggiando ideali che pochi anni dopo l'egoismo suo, prevalendo, troncò, la sapeva riserbata, nei reconditi disegni del Direttorio e dalle necessità politiche della Francia, a pagare le spese della pace con l'Austria dopo che avesse pagate alla Francia quelle della guerra. Ei doveva perciò sfruttarla, dissanguarla, cavarne tutto il succo vitale per provvedere ai bisogni dell'esercito, alimentare la sua impresa, e non offrire all'Austria che un limone spremuto. E doveva in pari tempo impedirle di acquistare tale saldezza di ordinamenti, così larga unione delle sue parti e così libera autonomia di esistenza che potessero poi esser d'ostacolo al mercato per cui la conquista era fatta. Onde la instabilità degli effimeri stati democratici che all'ombra delle sue vittorie o col conforto di molte promesse, lasciò sorgere nella penisola.

Piccole repubbliche che si pavoneggiavano nei nomi gloriosi dell'antichità classica, ma che funzionavano sopra una copia, ridotta per comodo dei Francesi e per illusione degli Italiani, della costituzione dell'anno V; che menavano vanto e discutevano con calore e a grandi frasi dell'esercizio della libertà cui eran chiamati, che evocavano ad ogni momento le ombre di Bruto, degli Scipioni e magari di Camillo ed erano poi allo sbaraglio del primo caporale Gallo che volesse essere insolente. Generali, commissari, agenti ordinatori, requisitori straordinari ed ordinari, civili e militari venuti di Francia, tutti comandavano, tutti insolentivano con prepotenza, tutti credevano di avere il diritto di prendere per un orecchio e trattar da padroni questi uomini liberi. E, come tutti comandavano, così tutti intascavano. Parevano uccelli di rapina calati su di un campo di battaglia: non erano mai sazii: tutto faceva per loro: oro, argento, viveri, quadri, oggetti d'arte, persino i pegni del Monte di Pietà! Nel nome del Direttorio la spogliazione si eseguiva in grande con la garanzia di trattati e di compromessi e per mezzo di dotti e non dotti ufficialmente investiti nella missione di far scelta — in lingua più povera si direbbe rubare — del meglio che trovassero nelle gallerie, nei musei e nelle casse pubbliche. Ma alla spogliazione ufficiale s'aggiungeva la privata. Chiedendo a titolo di dono i più riguardosi, gli altri mettendo gli artigli impudentemente — la parola è del Bonaparte — su quel che loro piaceva, ciascuno cercava di non tornare a mani vuote al di là delle Alpi. E non era giusto che gli Italiani pagassero il beneficio della libertà che i Francesi — bontà loro — avevano portato? i Romani nella Grecia non avevano fatto lo stesso? Ma Mummio, erano gli Italiani che lo ricordavano: i Francesi parlavano invece di Catone e continuavano a frugare nelle tasche dei loro nuovi fratelli. — "Cappello in testa e mani nelle tasche!,, — consigliava in quei giorni di democrazia invadente il Parini ad un campagnolo che per timidità o per abito di cortesia non sapeva stare dinanzi

ai magistrati col capo scoperto. Il Parini, al quale il Monti nella Mascheroniana pone in bocca:
il dolor della meschina
Di cotal nuova libertà vestita
Che libertà nomossi e fu rapina.
Serva la vide, ohimè, serva schernita.
Oh l'Italia pagò cara questa libertà! e s'avvide da ultimo di non stringere che un pugno di mosche. Quando il Bonaparte lasciò la penisola e a questa venne meno con esso anche il freno che fino allora aveva contenuto la più sfacciata ruberia ed impedito il trionfo della demagogia piazzaiuola, già della libertà erano stanchi anche coloro che più sinceramente le erano mossi incontro. I più abili ed i più onesti, dopo avere indarno tentato di reagire contro tanta rovina delle loro speranze e dei loro ideali, dopo aver cercato inutilmente di arrestare l'onda invadente nella vita pubblica degli elementi più torbidi e più violenti che il cieco favor popolare e il non disinteressato favore dei generali e commissari francesi sospingevano innanzi, s'erano ritirati in disparte. Il contrastare degli avidi, il rubare dei disonesti, le piccole prepotenze dei cittadini che avevano il governo di nome e le grandi dei Francesi che lo esercitavano di fatto, la confusione delle attribuzioni, gli odii, le calunnie, la intemperanza del linguaggio avevano, in tre anni, gettato l'Italia nello stato della più completa anarchia.
Allora appunto, nel 1799, cominciò la reazione antifrancese: ma, come la rivoluzione, anch'essa venne fra noi dal di fuori.
Quasi ad un tempo fu trionfante alle due estremità della penisola.
Dalle Alpi calò in Lombardia il maresciallo Suwaroff, il terribile tartaro che aveva massacrati gli ultimi eroi della libertà polacca, e guidava Austriaci e Russi: piombò in Calabria dalla Sicilia il cardinale Fabrizio Ruffo e lo seguiva un'orda disordinata di borbonici, di briganti, di preti, di frati e di contadini che lungo il cammino diventò folla. Un medesimo odio contro la rivoluzione guidava l'uno e l'altro, il fanatico maresciallo scismatico, l'accorto principe della Chiesa romana: pronti erano entrambi a qualunque eccesso pur di far trionfare Cristo ed il diritto divino dei re.
Nuovo Attila, il Suwaroff, e come lui terribile nella bruttezza ripugnante del volto e della piccola persona, si gittava furibondo in mezzo alla mischia cogli occhi iniettati di sangue, e tenendosi ritto su di un selvaggio cavallo della steppa, correva seminudo sotto una bianca e lunga camicia tartara, donde pendevano decorazioni e reliquie, fra le file de' suoi incitando alla strage, dandone l'esempio: i suoi urli erano di belva inferocita, le pose e i gesti teatrali: quando s'incontrava in una croce o in una immagine sacra scendeva da cavallo, si gettava bocconi e colla testa beluina nella polvere baciava il suolo.
Il Ruffo, maestoso nella eleganza signorile della porpora cardinalizia, incedeva sereno in mezzo alle turbe furibonde e fanatiche de' suoi nuovi

crociati. Dalla sua bocca di miele uscivano parole che suonavano pace e perdono cristiano, ma che sulle turbe le quali lo ascoltavano col cuore invasato di sacro odio producevano l'effetto di staffilate: gli sciagurati che s'eran fatti nemici della religione e del re e che conveniva richiamare, per salvezza delle anime loro e per tranquillità e sicurezza degli altri, alla fede di cristiani e di sudditi, ei li additava con la punta della spada: con la croce benediceva le schiere che tornavano dalle stragi sanguinose: di tratto in tratto fermava i suoi ad una chiesa ed intonava il Tedeum al Dio della vittoria.

Una lunga traccia di incendi, di stupri, di saccheggi, di rapine, di lascivie per cui il Suwaroff menava vanto e gli brillavano gli occhi di gioia  e il Ruffo mostrava di vergognarsi e dolersi, segnava il passaggio in Lombardia e nel Regno delle milizie oltremontane e nostrane della Santa Fede: e dietro la traccia, e per allargarla, accorrevano, come iene attratte dall'odore della preda e del sangue, sempre nuove turbe di insorgenti e più feroci, fiutando se vi eran superstiti alle prime stragi, cercando se trovavano avanzi delle prime rapine, insaziabili per timore che le vittime venissero loro a mancare.

Col successo il contagio si diffonde dalle estremità nel centro d'Italia. Un selvaggio furore sembra invadere le tranquille e gentili popolazioni della Toscana, dell'Umbria e delle Marche: cadono gli alberi della libertà e sorgono per ogni dove le croci; cessano lo squillar delle trombe e il rullar dei tamburi; fra un lento e continuo suonar di campane, echeggiano da ogni parte grida selvagge di Morte ai Giacobini, Viva Maria! Moltitudini sterminate di contadini armati di picche, di falci, di fucili si muovono quasi in processione militare dai loro borghi, si organizzano in bande, improvvisano capi. Centro dell'armata della fede è in Toscana, Arezzo: generalessa una donna, Alessandra Mari da Montevarchi che, novella Giovanna d'Arco, portando un'imagine della Vergine, precede a cavallo la turba aretina e la conduce delirante d'odio e di  fede, fra il canto delle sante litanie, alla caccia dei Francesi, dei giacobini, degli ebrei, di tutti i nemici della fede.

D'onde in ogni parte di questa Italia, che ieri pareva delirare d'entusiasmo per i Francesi, d'amore per la libertà, sono sbucate d'improvviso tante masse cristiane e così numerosi sanfedisti? Dove si tenevano finora nascosti, e come tanto odio non visto covava? E dove sono ora i molti che smaniosi di godere e di esercitare i diritti del cittadino facevano ressa attorno ai pubblici uffici? i non mai sazi di libertà? gli energumeni, i declamatori delle tribune, dei giornali, delle piazze che parevan non trovar sufficienti parole per affermare e ripetere il loro risoluto proposito di sacrificare la vita piuttosto che la libertà acquistata?

Non si vedono più: si direbbe che una voragine li ha inghiottiti tutti. È bastato che l'esercito francese vinto dagli Austro-Russi in campali giornate, investito ed incalzato in ogni parte dalle bande degli insorgenti, fosse costretto a sottrarre alle libere repubbliche italiane il suo appoggio, perchè queste, come castello di carta al primo soffio, crollassero. Per i loro ideali di libertà e di ordinato viver civile, per l'esistenza di quello Stato che con fede di compiere cosa santa avevano fondato pochi mesi prima, lottarono da eroi fino all'ultimo gli uomini della Repubblica Partenopea, soli: ma non erano che un pugno di forti e la reazione li soffocò col numero nel sangue. Abbandonarono invece il campo, vergognosamente inerti, tutti gli altri nelle altre parti d'Italia. I più compromessi fautori della libertà seguirono l'esercito francese nella ritirata: quelli che credettero di rimanere sul patrio suolo e che non poterono ottenere d'esser dimenticati o anche di far accogliere i loro servigi dai nuovi vincitori, furono o massacrati nel primo momento dal furor delle turbe o carcerati o esiliati o tratti a morte più tardi, quando cominciò per mezzo di persecuzioni e di processi la più misurata, ma non meno feroce e sanguinaria, epurazione a freddo dei sospetti di civismo. Alle stragi di Mario succedono le proscrizioni di Silla.

A spiegare tanta e così subitanea mutazione non basta dire che le violenze e le ruberie dei Francesi, che l'anarchia dei governi da loro istituiti avevano ingenerato odio a sazietà siffatta che gli Italiani avrebbero accolto come liberatore anche il turco: conviene ammettere, come io dicevo da principio, che al soffio delle idee francesi la superficie soltanto della vita italiana si era mossa: che era spuma e non onda quella che s'era sollevata. La natura italiana, nonostante l'apparente consenso generale, non era stata toccata profondamente nel suo organismo dalle novità francesi: un accesso violento di febbre che la paura ed il contatto coi Francesi avevano provocato, l'aveva turbata momentaneamente: passata la paura, cessato il contatto, le tendenze naturali, sentendosi di nuovo libere di sè, avevano ripreso il sopravvento ed avevano per reazione ecceduto nel volere dalla vita italiana espellere ciò che l'importazione straniera vi aveva introdotto.

Altri stranieri avevano dominato nei secoli precedenti l'Italia; ma nessuno, prima dei Francesi, aveva voluto d'un tratto e per forza innestare la propria vita, le proprie idee, le proprie ispirazioni nella vita italiana: ciò che delle costumanze e del pensiero spagnuolo era rimasto fra noi, era stato assorbito per lento e spontaneo infiltramento nel volgere di molti anni. Del resto, che la violenta imposizione dei principii della rivoluzione francese non solo si sia esercitata sopra un terreno che in nessun modo era disposto ad accoglierla, ma che sia venuta ad interrompere bruscamente il naturale svolgimento della vita italiana, quando appunto cominciava a rinnovarsi da sè, lo mostra il fatto che neppure il vivere più composto e ordinato di altri quindici anni della dominazione francese restaurata fra noi nel primo anno del secolo, hanno potuto radicarli. Certo per legge di adattamento essi poterono in quegli anni guadagnar terreno e lasciarono traccia di sè in molti che si erano trovati in condizione di vederne e di gustarne i benefici: ma la grande massa del popolo italiano fu lieta che la reazione del 1815 — più fortunata e più durevole di quella del 1799 — rimettesse le cose come erano prima che i Francesi ponessero il piede in Italia, e s'adagiò soddisfatta nel suo nuovo sonno, dal quale soltanto la lenta e graduale preparazione di mezzo secolo potè destarla e metterla in condizione di poter guardare con occhio sicuro il sole della libertà.

Un uomo avrebbe potuto anticipare l'aurora di questo sole: Napoleone Bonaparte se egli, quando fu padrone di sè e non doveva render conto ad alcuno, come prima al Direttorio, dell'opera sua, avesse voluto essere italiano soltanto e si fosse proposto di riprender le fila della tradizione italiana là dove l'orrore per la rivoluzione francese, poi le armi di Francia le avevano spezzate. Ma quando calò per la seconda volta nella penisola per metter fine alla reazione che da tredici mesi vi imperversava, e d'un sol salto, colla battaglia di Marengo, fu in sella e di nuovo ebbe in mano il freno di lei ch'era "fatta indomita e selvaggia,, egli non era più il giovane generale invaso dalla voglia d'afferrare per i capelli la gloria e la fortuna dovunque le avesse trovate. Gloria e fortuna le aveva già raggiunte e le teneva strette nel ferreo pugno. Era il primo console, il vero signore della Francia: se in altri tempi egli aveva potuto accarezzare la possibilità di congiungere la propria fortuna alle sorti d'Italia e di far servire gli interessi e le aspirazioni di questa alle sue personali mire d'ambizione e di dominio, ora che il 18 brumaio aveva trasformato i suoi più alti sogni in una realtà e trascinata la Francia ai suoi piedi, l'egoismo suo s'era immedesimato del tutto con questa. Non vedeva più che la Francia nell'Europa, e solo sè nella Francia: tutto nel mondo, l'Italia per la prima, la più cara delle sue conquiste, doveva servire alla gloria, alla grandezza, agli interessi della Francia perchè queste erano la gloria, la grandezza, l'interesse di lui.

L'uomo della rivoluzione era finito col secolo ch'era morto. Colui che con Marengo aveva aperto il secolo nuovo, dalla rivoluzione, attraverso la quale era salito, aveva cominciato a staccarsi: non ne aveva più bisogno, anzi la temeva e voleva per ciò all'opera distruggitrice e disgregatrice del popolo far succedere quella ricostruttrice ed ordinatrice dell'uomo di Stato. Disgraziatamente l'uomo di Stato non era meno rivoluzionario del popolo: le forme della ricostruzione furono diverse perchè personali, ma il metodo finì coll'essere lo stesso: la prepotenza, l'arbitrio, la violenza, il capriccio, la collera, la passione.

Al popolo italiano s'annunciò uomo d'ordine nelle prime parole che gli diresse dopo la vittoria: "Il popolo francese viene per la seconda volta a spezzare le vostre catene. Quando il vostro territorio sarà compiutamente sgombro dal nemico, la repubblica sarà riorganizzata sulle basi immutabili della religione, dell'eguaglianza e del buon ordine.,, Dell'antica formula rivoluzionaria restava la sola eguaglianza: ciò che anche di questa restava, poteron scorgere subito i Milanesi quando, dopo la vittoria di Marengo, videro il Bonaparte andare in Duomo per assistere al Tedeum sotto il baldacchino che soleva essere preparato per i soli sovrani, circondato da uno stato maggiore tutto oro e ricami, preceduto e seguito dalle guardie consolari, con isfoggio di divise, di livree, di velluti, di pennacchi e di ornamenti che ricordavano le pompe spagnolesche del tempo antico. Cominciava il Bonaparte ad avvezzare gli occhi dei liberi cittadini, prima di trasformarli in sudditi, alla teatralità dello spettacolo della sua grandezza: non è lontano il tempo che tutto il mondo sarà in livrea per far cornice e contrasto al suo grigio cappotto.

L'Italia non ebbe per il momento che ordinamenti provvisori: altre cure chiamavano altrove lui che da solo voleva sostenere il carico della reazione dell'Europa intera. Soltanto allorchè ebbe costretto tutte le orgogliose monarchie dell'antica Europa a stringere la mano vittoriosa con cui offriva loro la pace, pensò ad ordinare più stabilmente la nostra penisola. Era tempo: la verace e saggia libertà che si era attesa da lui non era venuta; le corruzioni, i disordini, le prepotenze degli amministratori e delle amministrazioni provvisorie, le spogliazioni, le requisizioni, le rapine, naturali conseguenze della guerra, si erano rinnovate, come dal primo triennio della dominazione francese ed avevano di nuovo resa odiosa la libertà.

V'era in Italia una popolazione che il Bonaparte prediligeva fra tutte: quella che dalle Alpi per le pianure lombarda, emiliana e romagnola si stende al di qua ed al di là del Po fino all'Esino. In mezzo ad essa, nel 1796, aveva vissuto i suoi giorni migliori, quelli delle prime glorie, che son sempre le più care, e gli pareva che là battesse il vero cuore della nazione italiana: certo di là gli eran venuti gli uomini che meglio fra noi lo avevano compreso e secondato e che ancora lo circondavano. Per ciò, dopo Campoformio e contro le istruzioni del Direttorio, le aveva permesso di formare col nome di repubblica Cisalpina una forte unità di Stato, ed alla nuova repubblica aveva dedicato cure e lasciato intravvedere alti destini e più larga unità.

Se il Bonaparte non volle mai dell'Italia tutta
le disciolte
Membra legarle in un sol nodo e stretto,
lasciò però, che anche dopo il suo ritorno nella penisola questa unità cisalpina risorgesse e rimanesse, della intiera nazione italiana, quasi il simbolo, in attesa — ei lasciava creder di prometterle — che tempi migliori le permettessero di esserne il nucleo. Ma intanto volle esserne egli il padrone e la guida. Conclusa la pace generale, ne chiamò a consulta i rappresentanti perchè studiassero un nuovo ordinamento di repubblica rispondente ai bisogni della lor nazione ed alla volontà sua; li chiamò a Lione, in terra straniera, davanti ai suoi ministri francesi ed a sè stesso e della lor nuova repubblica volle che lo eleggessero presidente.

Che importava? Ma con la nuova repubblica, che fu detta italiana, usciva finalmente e per la prima volta dopo tanti secoli di storia assumeva valore politico questo nome significativo di ideali e di speranze che già erano nell'intimo pensiero o almeno nel sentimento di molti; ma della nuova repubblica il Bonaparte affidava le redini, come a vice presidente, al Melzi, l'italiano per integrità di carattere, per altezza d'ingegno, per nobiltà di propositi più rispettato, l'uomo che dell'avvenire d'Italia ebbe forse la più chiara visione e la più sicura coscienza. Le circostanze e la volontà del Bonaparte non permisero che quel nome d'italiana assumesse più largo e più vero significato: chè delle altre parti d'Italia già pervenute in mano di lui o che vi pervennero poi, preferì o formare dipartimenti francesi o mantenerle isolate o aggrupparle artificiosamente fra loro, anzichè allargare i confini della repubblica italiana. Ma le speranze che nel Melzi erano state concepite, cominciarono a divenir realtà: egli purgò la repubblica dalla corruzione, restaurò il senso morale e la giustizia, ed iniziò con mano tranquilla, con larghezza di vedute e con audacia temperata dal senso pratico ch'egli aveva della vita, un'opera lenta di ricostruzione sociale e politica, la quale poteva assicurare allo Stato lunga vita e sicura. Parve un'êra nuova di prosperità e di benessere che s'aprisse: pur troppo non fu lunga nè libera di difficoltà e di ostacoli. I maggiori di questi venivano di Francia. Il Bonaparte aveva detto alla Consulta di Lione: "Voi avete bisogno di leggi generali e di costumi generali. Non avete eserciti, bensì avete gli elementi per crearli., E la repubblica italiana ebbe per opera del Melzi savie leggi generali, e pose le basi di quell'esercito che doveva essere la miglior scuola della nazione italiana e che restò la visione gloriosa e più di frequente evocata dai forti italiani, quando tornò per loro il tempo dell'inerzia.

Anche quello che il Bonaparte aveva chiamato il costume, cioè il carattere ed il sentimento nazionale, si era proposto e si studiò il Melzi di formare: aveva accettato di essere l'uomo del Bonaparte rispetto alla nazione italiana e voleva essere — ei diceva — anche l'uomo della nazione rispetto al Bonaparte; ma perchè potesse raggiungere così nobile intento conveniva che cessasse l'asservimento alla Francia. Il contatto coi Francesi era troppo continuo, perchè non fosse cagione di spiacevoli contrasti: la dipendenza dalla Francia troppo diretta e troppo presente perchè gli interessi di questa non avessero a prevalere su quelli che avrebbe imposto la nazionalità della serva e più bisognosa sorella. E invece che diminuire l'asservimento diventava ogni giorno più duro, e più ferrea e più imperiosa si faceva sentire la volontà di Napoleone. Prima erano consigli e raccomandazioni al Melzi: diventarono poi ordini e ingiunzioni fatte — nonostante l'affetto e la grande stima che il Bonaparte nutriva per il patrizio milanese — con quel tono secco di militaresca villania che al Talleyrand faceva dire col suo fine sorriso: — "Peccato che un uomo di tanto ingegno sia tanto male educato!, Il Melzi era costretto quasi sempre a piegare il capo: non vi si rassegnava però che riluttante e dopo di avere con coraggio, che era già di pochi e che presto non sarebbe stato di nessuno, tentato di persuadere e di resistere.

Di mano in mano che il Bonaparte si avvicinava alla corona imperiale, tanto più invadente, accentratrice si faceva la personalità sua: ogni azione altrui dalla sua restava soffocata e distrutta: una volontà sola, una sola vita vi doveva essere in Europa, la sua.

Il Bonaparte fu chiamato il primo dei controrivoluzionari: e per vero egli aveva creduto di fermar l'opera della rivoluzione rimettendo la società sopra le basi donde la rivoluzione l'aveva spostata: l'ordine e la religione. L'operosa ricostruzione interna del consolato, la pace generale con l'Europa, il Concordato col papa parevano nel 1801 voler mantenere la promessa. Ora il Cesarismo lo aveva ricondotto di nuovo là dove la rivoluzione con la violenza era giunta. Non la Francia soltanto, ma l'Europa intera turbata; principi e popoli in istato di continua instabilità ed in pericolo di sovvertimento ad un sol cenno di lui; il Pontefice, come ai tempi della rivoluzione, strappato alla sua sede e trascinato in Francia e le coscienze religiose turbate.

Seguirlo in questa fase ultima della sua vita  politica non tocca a me nell'ordine di queste letture; è giunto il momento in cui la individualità del Bonaparte ha talmente assorbito la vita di tutta l'Europa da formare con essa una sola ed indivisibile cosa. Napoleone è già il Giove terreno che fulmina, che riceve gli incensi, che si sente al difuori e al disopra del genere umano.

E torrenti di luce il sol diffuse
Napoleone Dio, Napoleone!
Rispondeva la terra, e il ciel si chiuse.

Miseri mortali costretti a vivere fuor delle loro condizioni normali, ad obbedire senza discutere, ad ammirare sempre; sempre in attesa di qualche colpo di scena che d'un tratto muti le loro sorti; sempre nel timore che un segno di penna annulli la loro esistenza, che li privi delle sostanze, che strappi i lor figli alla casa paterna e li balzi qua e là per tutta l'Europa. Mai la ragion di Stato aveva annientato tanto l'individuo! Nulla aveva più valore nella vita dell'uomo privato, nè in quella dei popoli. Che importa alla storia sapere quali principi Napoleone abbia posto sui troni o quali ne abbia balzati? restano ombre prive di corpo, nomi vani, quando attraverso ad essi non si vada a cercare il sole che li illumina e li vivifica. Che importa sapere come Napoleone abbia riunito all'impero francese l'uno dopo l'altro il Piemonte, poi Genova con la  Liguria, poi Parma, Piacenza, Lucca, poi la Toscana, dopo averne fatto un effimero regno d'Etruria, e da ultimo Roma? Quali destini serbava all'eterna città quando, attingendo ancora una volta alla forza della sua tradizione gloriosa, faceva di essa la seconda metropoli dell'impero, poi del figlio lungamente desiderato, un re di Roma? Ne voleva far centro della nuova nazione italiana? Chi può seguirlo attraverso il fantasmagorico mutare e rimutare della sua volontà, e cogliere in mezzo il barattare continuo di troni e provincie, quale sia l'ultima mira dell'azione sua?

Il bel nome italico rimaneva al regno, in cui la repubblica italiana s'era trasformata: ma il Melzi non v'era più a governarla. Al suo posto Napoleone aveva posto un giovanetto francese, il figliastro suo Eugenio: e francesi, come Eugenio, tratti dalla famiglia di Giove furono pure Giuseppe e Gioacchino Murat che successivamente Napoleone fe' passare sul trono abbandonato da Ferdinando di Borbone. Continua nel regno italico, s'inizia nel regno di Napoli il rinnovamento legislativo, economico e militare del paese; e possono, ne' primi momenti del fasto teatrale delle nuove Corti e della gloria militare cui sono chiamate a partecipare, restare abbagliate le popolazioni italiane. Ma la realtà finisce coll'imporsi: al fasto principesco, alla gloria militare erano sacrificati gli interessi del popolo; per la grandezza dell'impero di Francia prosciugate le risorse pubbliche, seminate di lutti le case dei cittadini. Resistere alla volontà di chi disponeva della loro sorte non osavano i principi, era impotente il popolo: ond'è che gli Italiani ricaddero di nuovo in quello stato di inerzia passiva che già altra volta era succeduto alla momentanea effervescenza che l'amore per la libertà pareva avesse destato fra noi: di nuovo nel segreto del cuore covarono gli Italiani l'odio contro gli stranieri oppressori. Ma l'odio questa volta era più intenso perchè più lunga era stata l'educazione politica, più sicuri erano divenuti i criteri per distinguere il bene dal male, l'apparenza dalla realtà: ed il contrasto stesso che nella repubblica e nel regno italico gli Italiani avevano avuto sotto gli occhi, dei benefici che da savi ordinamenti liberi avrebbero potuto ritrarre coi mali che per l'assoggettamento a Francia nel fatto ne ritraevano, acuiva l'odio ed il dolore.

Il Franchetti in una delle sue migliori monografie su questi tempi ha dimostrato che l'odio sorto fra noi dalle sofferenze, dalle prepotenze, dalle delusioni subite durante la dominazione francese fu il fuoco sacro che ha acceso il sentimento patrio italiano, prima dell'89 vivo soltanto nella comunanza del linguaggio, della coltura e delle tradizioni storiche. Un medesimo odio e una comune miseria hanno fatto cercare la medesima salvezza; così la coscienza unitaria della nazione italiana fu formata. Dal male nasce più spesso che in altro nido il bene: e basterebbe ciò perchè a questa età tumultuosa noi dovessimo rivolgere grati lo sguardo, quando anche non le dovessimo d'averci richiamato alla milizia e dato l'esempio dei primi larghi ordinamenti legislativi che rimasero poi fermi nella nostra tradizione.

La coscienza nazionale italiana portava però ancora con sè il segno del peccato d'origine: era nata dall'odio e non poteva per anco aver altro carattere che distruttivo; non sentiva allora altra necessità all'infuori che quella di togliersi di dosso chi la soffocava, e per il momento non vedeva e non cercava come le sarebbe stato poi concesso nel fatto di costruire l'unità della patria.

Per ciò il popolo italiano assistè plaudendo al crollo della fortuna napoleonica, dove non diè mano esso stesso a quella rovina: per ciò respinse con repugnanza le offerte di indipendenza che la voce francese del vanitoso Gioacchino Murat gli vantò da Rimini e respinse anche quelle di Eugenio di Beauharnais, che pur era degno di miglior sorte. Ma poichè l'odio solo l'avea mosso e non avea pronta e chiara davanti agli occhi la vera soluzione del suo avvenire, dopo esser corso dietro alle speranze — e fu errore scontato collo Spielberg — di una restaurazione liberale ed autonoma sotto gli auspici dell'Austria, finì col cadere nella servitù e passare da una ad un'altra dominazione straniera, la quale gli tolse anche quelle speranze di libertà e quelle illusioni di gloria che la dominazione francese gli concedeva.

Eppure, se fra tanto tumulto di passioni l'Italia avesse prestato attento orecchio, avrebbe inteso una voce che dalle pagine ora dimenticate di un tenue opuscolo, dirigendo un Appello ad Alessandro imperatore autocrate di tutte le Russie sul destino d'Italia, additava con mano sicura donde la salvezza futura sarebbe venuta. "Offrasi — diceva la voce dell'anonimo solitario — offrasi a questa nazione l'indipendenza, l'unione e la scelta di un governo.... Gli occhi d'ogni italiano, nel di cui petto arde il sacro amor di patria e a cui l'onore nazionale è caro, rivolti sono da gran tempo sopra quello che tutto appella a far nostro capo e sovrano. Restaci ancora un principe legittimo e degno di esserlo, la di cui famiglia tutto ha nelle vene il più puro sangue italiano. Un principe nato fra noi, fra noi allevato, che noi tutti conosciamo e che conosce noi tutti. Egli ha i nostri costumi e le inclinazioni nostre, le nostre abitudini. L'illustre casa di Savoia è italiana e gli avi suoi sono dell'Italia la gloria e l'orgoglio. Che i monarchi alleati, che Vostra Maestà la richiamino al proprio antico dominio non solo, ma che a regnare s'inviti su tutti gli Italiani che desideran divenirne sudditi. Si presenti il Re di Sardegna agli Italiani tutti come il centro della loro unione e gli Italiani tutti accetteranno con viva gioia e trasporto il magnanimo dono e benediranno la mano donatrice: correre tosto scorgerebbonsi da ogni lato dell'afflitta Italia giovani ardenti a salutare l'augusto, il nazional sovrano e ad offrirgli le braccia ed il sangue loro.,,

La voce del solitario italico che con occhio così limpido vedeva la futura missione rendentrice di Carlo Alberto e di Vittorio Emanuele II e preannunziava i plebisciti dell'Italia nuova, cadde allora nel silenzio. Altro odio doveva nascere da altre e più dure ed umilianti sofferenze; dolorosi sacrifici di sangue e di ideali dovevano essere imposti dalle esperienze fallite cercando per vie diverse la patria, prima che la coscienza nazionale italiana fosse compiuta e che non più soltanto dalle elucubrazioni politiche dei pensatori ma dalla educazione generale del popolo si invocasse e si imponesse la redenzione del nostro paese.

www.ingramcontent.com/pod-product-compliance
Lightning Source LLC
Chambersburg PA
CBHW070938290526
45795CB00003B/1067